BEGINNE JEDEN MORGEN MIT EINEM GUTEN GEDANKEN

GROH

BEGINNE JEDEN MORGEN
MIT EINEM GUTEN GEDANKEN.

CARL HILTY

Foto: fotog/Getty Images

FRÜH AM MORGEN, WENN DIE STADT LANGSAM ZUM LEBEN ERWACHT, LIEGT DER NEUE TAG MIT SEINEN CHANCEN UND MÖGLICHKEITEN NOCH VOR DIR - WAS ER WOHL FÜR DICH BEREITHÄLT?

ERWARTE DAS BESTE UND BEGINNE DEN TAG MIT GUTEN GEDANKEN UND EINER POSITIVEN EINSTELLUNG. DENN MIT EINEM GELUNGENEN START IN DEN MORGEN FÄLLT ES DIR LEICHT, DIE HERAUSFORDERUNGEN ANZUGEHEN UND DIE VIELEN CHANCEN ZU SEHEN, DIE VOR DIR LIEGEN.

Jede Sekunde,

JEDE MINUTE, JEDE STUNDE HAST
DU EINE NEUE GELEGENHEIT

etwas auszuprobieren

UND ZU WAGEN.

GABRIELA BUCHHOLZ

Foto: Justin Hoffmann Photography/Moment Open/Getty Images

JEDER TAG IST NICHT NUR EIN GESCHENK,
SONDERN AUCH EINE NEUE CHANCE.

PAUL HUFNAGEL

WIR MÜSSEN
AUFBRECHEN,
UM WIRKLICH
ZU LEBEN.

PETRA C. HARRING

Foto: age fotostock/LOOK-foto

GIB JEDEM TAG DIE CHANCE, ETWAS IN DEINEM LEBEN zu bewegen!

YVONNE MÖLLEKEN

Foto: jock + scott/photocase.com

HERAUSFORDERUNGEN GEBEN DEM GESTERN STÄRKE UND SCHENKEN

DEM MORGEN

NEUEN MUT.

KATJA HEIMBERG

Foto: iStock/Thinkstock

WENN MAN FRÜH GENUG ZU LEBEN BEGINNT,
IST DAS LEBEN GAR NICHT SO KURZ.

KURT HABERSTICH

WENN MAN
VIEL HINEINZUSTECKEN
HAT, HAT EIN TAG
HUNDERT TASCHEN.

FRIEDRICH NIETZSCHE

MIT JEDEM NEUEN GEDANKEN
WÄCHST DIE WELT DER MÖGLICHKEITEN.

KIRSTEN SCHWERT

WENN DU FROHE
GEDANKEN HAST, IST

DIE WELT UM DICH

HERUM EIN BUNTER GARTEN.

PAUL HUFNAGEL

DIE BESTEN GEDANKEN KOMMEN UNS,
WENN WIR NICHT BLOß DENKEN.

HANS LOHBERGER

LASS DICH EIN AUF

das Abenteuer „Leben“,

UND DU WIRST IMMER WIEDER

überrascht

UND BESCHENKT.

LORE-LILLIAN BODEN

JEDER NEUE TAG IST

EIN UNENTDECKTES LAND,

DAS ABENTEUER, HERAUSFORDERUNGEN

UND SCHÄTZE VERHEIẞT.

INGRID KOLLER

Foto: Heinz Wohner/LOOK-foto

Foto: Sven Kalscnik/Getty Images

MAN KANN DAS LEBEN NUR RÜCKWÄRTS VERSTEHEN,
ABER LEBEN MUSS MAN ES VORWÄRTS.

SØREN KIERKEGAARD

FREUDE IST, WO MAN DIE

vergangenheit

ANNIMMT UND GERN IN DIE

zukunft

BLICKT.

ADALBERT LUDWIG BALLING

DAS GESTERN IST NICHTS
ALS DIE ERINNERUNG
VON HEUTE UND DAS MORGEN IST
DER TRAUM VON HEUTE.

KHALIL GIBRAN

ALLES IST IM FLUSS.

HERAKLIT

Foto: iStock/Thinkstock

Foto: SimmiSimons/Getty Images

ES IST GUT, ETWAS HINTER SICH ZU LASSEN –
BEINHALTET ES DOCH ETWAS NEUES VOR SICH ZU HABEN.

BIRTE NILSSON

Die Kunst

EINES ERFÜLLTEN LEBENS IST DIE

Kunst des Lassens:

ZULASSEN – WEGLASSEN – LOSLASSEN.

ERNST FERSTL

UNSER LEBEN IST NUR DANN LANGWEILIG,
WENN WIR UNS NICHT weiterentwickeln.

THOMAS ROMANUS

UM ZU LEBEN, MÜSSEN WIR
UNAUFHÖRLICH EROBERN – WIR MÜSSEN DEN

MUT ZUM GLÜCKLICHSEIN

HABEN.

HENRI-FRÉDÉRIC AMIEL

REIẞ DEINE GEDANKEN
VON DEINEN PROBLEMEN FORT.
Das ist das Beste,
WAS DER MENSCH FÜR SEINE
Gesundheit
TUN KANN.

MARK TWAIN

Foto: plainpicture/Westend61

Foto: iStock/Thinkstock

MUT WÄCHST MIT DEM Beginnen!

GEORG MOSER

MACH NUR EINMAL DAS,
VON DEM ANDERE SAGEN, DASS DU ES
NICHT SCHAFFST, UND DU WIRST NIE WIEDER AUF
deren Grenzen
ACHTEN MÜSSEN.

JAMES COOK

MAN MUSS ETWAS NEUES MACHEN,
UM ETWAS NEUES ZU SEHEN.

GEORG CHRISTOPH LICHTENBERG

WAS WÄRE DAS LEBEN,
HÄTTEN WIR NICHT DEN MUT,
etwas zu riskieren.

VINCENT VAN GOGH

Foto: iStock/Thinkstock

WOHIN WIR AUCH BLICKEN,
ÜBERALL ENTWICKELN SICH DIE
chancen
AUS DEN PROBLEMEN.

JOHN D. ROCKEFELLER

Foto: Johner/f1online

JEDER SCHRITT NACH VORNE IST EINER
IN DIE RICHTIGE RICHTUNG.

SILVIA PETRITSCH

Beginne

NICHT MIT EINEM

GROẞEN VORSATZ, SONDERN

mit einer kleinen Tat.

SPRICHWORT

MAN KANN IN

JEDEM AUGENBLICK

ANFANGEN, DIE SACHE
BESSER ZU MACHEN.

JOHANNES MESSNER

Foto: iStock/Thinkstock

ES GIBT NICHTS DAUERHAFTES
AUẞER DER VERÄNDERUNG.

HERAKLIT

Foto: iStockphoto/PPAMPicture

Positive Gedanken SIND DER BESTE START FÜR DIE REISE AUF DIE SONNENSEITE DES LEBENS.

JEREMY A. WHITE

NIMM DEINE GEDANKEN ALS LEICHTES GEPÄCK
HUCKEPACK, DANN KANNST DU NEUEN ABENTEUERN
ZUVERSICHTLICH
ENTGEGEN GEHEN.

KATJA HEIMBERG

unsere Gedanken

HABEN EINE UNGEHEURE KRAFT.

ES IST IN UNSERE ENTSCHEIDUNG GELEGT,

diese Macht

ZU UNSEREM NUTZEN ODER SCHADEN EINZUSETZEN.

WILLIAM JAMES

Foto: Christoph Wilhelm/Photographer's choice/Getty Images

STÄRKE ENTSPRINGT NICHT AUS PHYSISCHER KRAFT,
SONDERN AUS EINEM UNBEUGSAMEN WILLEN.

MAHATMA GANDHI

MAN KANN VIEL,
WENN MAN SICH NUR RECHT VIEL ZUTRAUT.

WILHELM VON HUMBOLDT

NUR WER

AN SICH GLAUBT,

AN DEN GLAUBEN

AUCH ANDERE.

UNBEKANNT

WAS HINTER HINTER UNS UND VOR UNS LIEGT,
IST BEIDES NICHTS VERGLICHEN MIT DEM,
was in uns steckt.

RALPH WALDO EMERSON

AUF VIELEN WEGEN
KANNST DU DICH VERLIEREN.
FINDEN NUR AUF DEINEM.
ELSE PANNEK
Foto: Hemera/Thinkstock

WENN EINER SICH VOLLER

selbstvertrauen

AUFMACHT, SEINE TRÄUME
ZU VERWIRKLICHEN, WIRD ER DAMIT

größeren Erfolg

HABEN, ALS GEMEINHIN ANGENOMMEN.

HENRY DAVID THOREAU

FANG NIE AN AUFZUHÖREN,
HÖR NIE AUF ANZUFANGEN.

CICERO

Foto: AdnanLindley/RooM/Getty Images

Foto: Johner Images/Getty Images

GEH DEINEN EIGENEN WEG, NUR DORT WIRST DU DEM MENSCHEN BEGEGNEN, DER DAS GLEICHE ZIEL HAT.

SILKE FOERSTER

WEGE ENTSTEHEN

DADURCH, DASS
WIR SIE GEHEN.

FRANZ KAFKA

Foto: iStock/Thinkstock

WAS WAR, WAR. WAS IST, IST. UND WAS SEIN WIRD, WIRD SEIN!

Also lebe heute.

ELISABETH HÜRLIMANN

WIE GUT, DASS DAS

Leben

UNS IMMER NUR MIT SEINER

Gegenwart

ÜBERRASCHT UND TRIFFT, UND DASS ES UNS KEINEN BLICK IN DIE ZUKUNFT GESTATTET.

CARL ZUCKMAYER

Foto: Cultura RM/Craig Easton/Getty Images

MAN VERGISST SO LEICHT,
DASS DIE WELT VOLLER ÜBERRASCHUNGEN IST.

CHRISTOPHER FRY

VERSUCHE DICH AN
LEICHTEN GEDANKEN,
SIE BRINGEN DEINE
TRÄUME ZUM FLIEGEN.

ANGELIKA EMMERT

DAS LEBEN
WIRD GEGEN ABEND,
WIE DIE TRÄUME GEGEN MORGEN,
IMMER KLARER.

KARL JULIUS WEBER

Foto: christos-lechner/photocase.com

WER

Träume

HAT, DER HAT AUCH

Ziele.

SPRICHWORT

Foto: Jutta Klee ableimages/f1online

DAS Geheimnis DES LEBENS LIEGT IM Suchen NACH SCHÖNHEIT.

OSCAR WILDE

BETRACHTE EINMAL DIE DINGE VON EINER ANDEREN SEITE, ALS DU SIE BISHER SAHST, DENN DAS HEIßT

EIN NEUES LEBEN

BEGINNEN.

MARC AUREL

STAUNEN ZU KÖNNEN
IST DER ANFANG ALLER WUNDER.

THOMAS ROMANUS

ES IST NIE ZU FRÜH, MIT DEM

SICHFREUEN UND GLÜCKLICHSEIN

ANZUFANGEN.

RAINER KAUNE

Freiheit

IST, SEINE EIGENEN GEDANKEN ZU DENKEN UND SEIN

eigenes Leben

ZU LEBEN.

JOHN F. KENNEDY

Foto: plainpicture/Cultura

MAN SOLLTE WENIGSTENS

einmal am Tag

EIN KLEINES LIED HÖREN, EIN GUTES GEDICHT LESEN,
EIN SCHÖNES BILD BETRACHTEN UND, WENN MÖGLICH,
EIN PAAR VERNÜNFTIGE WORTE SAGEN.

JOHANN WOLFGANG VON GOETHE

Foto: Prisma Wells Andrea/f1online

REICH MACHEN UNS MENSCHEN, DIE IM GEGEBENEN DAS SCHÖNE, IM UNSCHEINBAREN DAS BESONDERE,

IM JETZT DIE CHANCE

ENTDECKEN.

MARKUS MERZ

EINE CHANCE ZU SEHEN, IST KEINE KUNST.
DIE KUNST IST, EINE CHANCE ALS ERSTER ZU SEHEN.

BENJAMIN FRANKLIN

KLAR ZU

denken

IST DAS EINE; DIE GEDANKEN

in die Tat

umzusetzen

DAS ANDERE.

WALTER REISBERGER

Foto: Michael Kelly Robert Harding/f1online

DAS GEHEIMNIS DES ERFOLGES LIEGT IN DER Zielstrebigkeit.

BENJAMIN DISRAELI

Foto: Johner Images RF/Johner/f1online

JEDE BEWEGUNG VERLÄUFT
IN DER ZEIT UND HAT EIN ZIEL.

ARISTOTELES

WENN DU EIN

GLÜCKLICHES LEBEN

WILLST, VERBINDE ES
MIT EINEM ZIEL, NICHT ABER
MIT MENSCHEN ODER DINGEN.

ALBERT EINSTEIN

DER ZIELLOSE ERLEIDET SEIN SCHICKSAL -
DER ZIELBEWUSSTE GESTALTET ES.

IMMANUEL KANT

Foto: Zettbertin/photocase.com

JE PLANMÄẞIGER
DIE MENSCHEN VORGEHEN,
DESTO WIRKSAMER VERMAG SIE

der zufall

ZU TREFFEN.

FRIEDRICH DÜRRENMATT

Foto: iStock/Thinkstock

LASS UNS WAGEMUTIG UND ABENTEUERLUSTIG SEIN
UND UNS AUF DAS FREUEN, WAS UNS DAS LEBEN BESCHERT.

LUCY MAUD MONTGOMERY

EINE MÖGLICHKEIT,
DAS BESTE AUS DEM

Leben

ZU MACHEN, IST ES ALS
ABENTEUER ZU BETRACHTEN.

WILLIAM FEATHER

Foto: Stock4B/Getty Images

DER MITTELPUNKT DES LEBENS IST: Heute!

CAROLA OTTERSTEDT

KEINE ZUKUNFT
VERMAG GUTZUMACHEN,
WAS DU IN DER
GEGENWART VERSÄUMST.

ALBERT SCHWEITZER

Foto: Cultura Travel/Alex Holland/Getty Images

JEDE GELEGENHEIT IST EINE

EINMALIGE GELEGENHEIT.

ORISON SWETT MORDEN

WER SICH

heute freuen

KANN, SOLL NICHT WARTEN

BIS MORGEN.

JOHANN HEINRICH PESTALOZZI

Foto: Village Production/Photographers Choice/Getty Images

Ein paar Minuten Auszeit mitten im Alltag können mehr beleben als eine ganze Reihe freier Tage.

Ingrid Koller

Foto: Tips Images/f1online

MAN SOLLTE DIE WELT SO NEHMEN,

WIE SIE IST,

ABER NICHT SO LASSEN.

IGNAZIO SILONE

Foto: George Clerk/E+/Getty Images

DIE DINGE SIND NIE SO, WIE SIE SIND.
SIE SIND IMMER DAS, WAS MAN AUS IHNEN MACHT.

JEAN ANOUILH

ES GIBT ZWEI ARTEN SEIN
LEBEN ZU LEBEN:
ENTWEDER SO, ALS WÄRE NICHTS

ein wunder,

ODER SO, ALS WÄRE ALLES EINES.

ALBERT EINSTEIN

Foto: Steffen Schnur/Getty Images

SELBSTVERTRAUEN

IST DIE ERSTE VORAUSSETZUNG FÜR GROẞE VORHABEN.

SAMUEL JOHNSON

Foto: Millenium Images/LOOK-foto

Der einzige Sinn

UNSERES LEBENS IST ES, ZU SEIN, WAS WIR SIND,

und zu werden,

WAS UNS ZU WERDEN GEGEBEN IST.

ROBERT LOUIS STEVENSON

EINE POSITIVE EINSTELLUNG ZU LÖSBAREN PROBLEMEN
IST BEREITS DER HALBE ERFOLG.

ERNST FESTL

Erfolg

ODER VERSAGEN IST VIEL EHER DIE

Folge unserer geistigen Einstellung

ALS DAS ERGEBNIS UNSERER GEISTIGEN FÄHIGKEITEN.

WALTER SCOTT

ALLES, WAS WIR SIND, SIND UNSERE GEDANKEN.
WIR DENKEN, WAS WIR SIND.

BUDDHA

OB DU DENKST,

DU KANNST ES,

ODER DU KANNST ES NICHT:
DU WIRST AUF JEDEN FALL
RECHT BEHALTEN.

HENRY FORD

Das Leben

BESTEHT IN DEM, WAS EIN MENSCH

den ganzen Tag

ÜBER DENKT.

RALPH WALDO EMERSON

Foto: Thomas Stankiewicz/LOOK-foto

ICH BESCHÄFTIGE MICH NICHT MIT DEM,
WAS GETAN WORDEN IST.

MICH INTERESSIERT,

WAS GETAN WERDEN MUSS.

MARIE CURIE

Foto: Panoramic Images/Getty Images

DAS GESTERN IST WICHTIG, DOCH ENTSCHEIDEND IST DAS Heute.

ANNE HAMACHER

Der Erfolg

BIETET SICH MEIST DENEN, DIE

kühn handeln,

NICHT DENEN, DIE ALLES WÄGEN
UND NICHTS WAGEN WOLLEN.

HERODOT

Foto: Neil Emmerson/Robert Harding World Images/Corbis

ETWAS WAGEN MUSS DAS HERZ UND FRÜH AUF SEIN,
WENN ES LEBEN WILL.

GOTTFRIED KELLER

Riskiere etwas!

RISKIERE WAS AUCH IMMER ...!

TU, WAS DIR AM SCHWERSTEN FÄLLT.

Handle deinetwegen.

BLICKE DER WAHRHEIT INS GESICHT.

KATHERINE MANSFIELD

MAN SOLLTE MEHR HANDELN, WENIGER ÜBERLEGEN
UND SICH NICHT SELBST BEIM LEBEN ZUSCHAUEN.

NICOLAS DE CHAMFORT

DIE ZEIT VERWEILT
LANGE GENUG FÜR
DENJENIGEN,
DER SIE NUTZEN WILL.

LEONARDO DA VINCI

ERFOLG HAT NUR,
wer etwas tut,
WÄHREND ER AUF DEN ERFOLG WARTET.

THOMAS EDISON

Foto: Novarc Images Axel Schmies/f1online

Foto: Markus Brunner Imagebroker RF/f1online

NICHT DER WILLE IST DER ANTRIEB UNSERES HANDELNS, SONDERN UNSERE VORSTELLUNGSKRAFT.

ÉMILE COUÉ

DER RAHMEN UNSERER

MÖGLICHKEITEN

IST MEIST ELASTISCHER
ALS WIR DENKEN.

YVONNE MÖLLEKEN

WENN MENSCHEN IHRE

innere Einstellung ändern,

KÖNNEN SIE AUCH DIE

äußeren Umstände

IHRES LEBENS ÄNDERN.

WILLIAM JAMES

WAS DU HEUTE DENKST, WIRST DU MORGEN TUN.

LEO TOLSTOI

Foto: Cameron Davidson/Corbis

DIE WAHREN

optimisten

SIND NICHT ÜBERZEUGT, DASS ALLES
GUTGEHEN WIRD. ABER SIE

sind überzeugt,

DASS NICHT ALLES SCHIEFGEHEN WIRD!

JEAN DUTOURD

UM EINEN FRÖHLICHEN TAG ZU ERLEBEN,
MUSS MAN EINEN FRÖHLICHEN TAG ERWARTEN.

WALDEMAR BONSELS

DAS WETTER UND

MEINE LAUNE

HABEN WENIG MITEINANDER
ZU TUN. ICH TRAGE MEINEN
NEBEL UND SONNENSCHEIN IN

MEINEM INNEREN.

BLAISE PASCAL

Foto: iStockphoto/PPAMPicture

HELLE GEDANKEN UND EIN HEITERES GEMÜT
MACHEN SCHÖNE TAGE.

HENRY DAVID THOREAU

Foto: Karl Johaentges/LOOK-foto

Das Glück

IST NICHT IN EINEM EWIG LACHENDEN HIMMEL
ZU SUCHEN, SONDERN IN DEN STILLEN KLEINIGKEITEN,
AUS DENEN WIR UNSER LEBEN

zurechtzimmern.

CARMEN SYLVA

Foto: iStock/Thinkstock

WENN DU HELLE DINGE DENKST,
ziehst du helle Dinge AN DICH HERAN.

PRENTICE MULFORD

WER SICH AM WENIGSTEN UM DAS MORGEN GEDANKEN MACHT, GEHT IHM

AM FRÖHLICHSTEN

ENTGEGEN.

EPIKUR

Foto: iStock/Thinkstock

DU BIST WENIGER VOM MORGIGEN TAG ABHÄNGIG,
WENN DU DEN HEUTIGEN IN DIE HAND NIMMST.

SENECA

JEDER TAG SOLL UND MUSS

einen sinn haben,

UND ERHALTEN SOLL ER IHN NICHT
VOM ZUFALL, SONDERN VON MIR.

RAINER MARIA RILKE

Foto: iStock/Thinkstock

SAG JA

ZU DEINEM LEBEN UND
UMARME ES JEDEN TAG
AUFS NEUE.

JOHANNA RÜCKERT

Foto: Da…id Jakle Image Source/f1online

JEDER TAG IST EINE NEUE CHANCE,
DAS ZU TUN, WAS DU MÖCHTEST.

FRIEDRICH VON SCHILLER

MACHE DIR SELBST
ZUERST KLAR,
WAS DU SEIN MÖCHTEST;
UND DANN TUE,
WAS DU ZU TUN HAST.

EPIKTET

Foto: Vienna Slide STOCK4B-RF/f1online

WIR wachsen NICHT MIT DEM ALTER, SONDERN mit den Aufgaben.

THOMAS ROMANUS

WEICHE DEN

Herausforderungen

DES LEBENS NICHT AUS, SONDERN

wachse

MIT IHNEN.

HELGA SCHÄFERLING

WAS DAS LEBEN AUSMACHT,
SIND NICHT DIE ZIELE, SONDERN DIE

wege zum ziel.

PETER BAMM

Foto: iStock/Thinkstock

WER SICH BEWEGT,
BRINGT ETWAS IN BEWEGUNG.

ROBERT LERCH

WER IMMER TUT,
WAS ER SCHON KANN,
BLEIBT IMMER DAS,
WAS ER SCHON IST.

HENRY FORD

Foto: iStock/Thinkstock

KONSEQUENT

IST NUR DER,
DER SICH SELBER MIT DEN
UMSTÄNDEN WANDELT.

WINSTON CHURCHILL

Foto: age fotostock/LOOK-foto

TALENT IST NUR DER FAHRPLAN FÜR DIE REISE.
DAS TICKET MUSS MAN SELBER LÖSEN.

KARL-HEINZ KARIUS

GIB DIR SELBST RAUM,
DAMIT DU DICH

VOLL ENTFALTEN

KANNST.

PATRICE JEANCOURT

EIN GROßER WANDEL
LEBT VON VIELEN
kleinen
veränderungen.

THOMAS ROMANUS

Foto: Bernados Westend61/f1online

Leben HEIẞT – SICH OHNE ENDE Wandeln.

GÜNTER KUNERT

WENN DU DIE SPUR

nicht wechselst,

HAST DU KEINE CHANCE

ZU ÜBERHOLEN.

AUS CHINA

Foto: Johner Johner Images /f1online

ES IST SCHÖN ZU SEHEN,
DASS EINEM MENSCHEN,
DER MIT FESTEM WILLEN UND
REINER ÜBERZEUGUNG

SEINEN EIGENEN WEG GEHT,

EBEN FAST ALLES MÖGLICH IST.

FANNY LEWALD

Foto: iStockphoto/PPAMPicture

WENN ES EINEN WEG GIBT,
ETWAS BESSER ZU MACHEN: FINDE IHN!

THOMAS EDISON

WENN DU DIE RICHTUNG KENNST,
HAST DU DEN ERSTEN SCHRITT

DEINES WEGES

BEREITS VOLLBRACHT.

MARION BLUM

Foto: Mel Stuart Westend61/f1online

DIE WELT IST EIN SPIEGEL, AUS DEM JEDEM SEIN EIGENES GESICHT ENTGEGENBLICKT.

WILLIAM M. THACKEREY

SEI DIR DESSEN BEWUSST,
WAS DU SEIN WILLST! SEI IN

Gedanken, Einstellung
und Verhalten

DER, DER DU SEIN MÖCHTEST.

HANS RUDOLF KAUFMANN

sei, der du bist,
NICHT MEHR, NICHT WENIGER,
ABER DER SEI.

PETER ALTENBERG

Foto: iStock/Thinkstock

NUR WER SICH

selbst entfalten

UND DIE EIGENEN KRÄFTE VOLL

ENTWICKELN KANN, NIMMT

am Leben

WIRKLICH TEIL.

H. RYBORZ

NICHTS AUF DER WELT
ist so mächtig
WIE EINE IDEE, DEREN ZEIT GEKOMMEN IST.

VICTOR HUGO

Foto: jock + scott/photocase.com

MENSCHEN MIT EINER
NEUEN IDEE GELTEN
SO LANGE ALS SPINNER,
BIS SICH DIE SACHE
DURCHGESETZT HAT.

MARK TWAIN

WER SICH

entschieden

HAT, ETWAS ZU TUN, UND AN NICHTS ANDERES DENKT, ÜBERWINDET ALLE

Hindernisse.

CASANOVA

Foto: Pink Badger/iStock/Thinkstock

ALLE HINDERNISSE UND SCHWIERIGKEITEN SIND STUFEN, AUF DENEN WIR IN DIE HÖHE STEIGEN.

FRIEDRICH NIETZSCHE

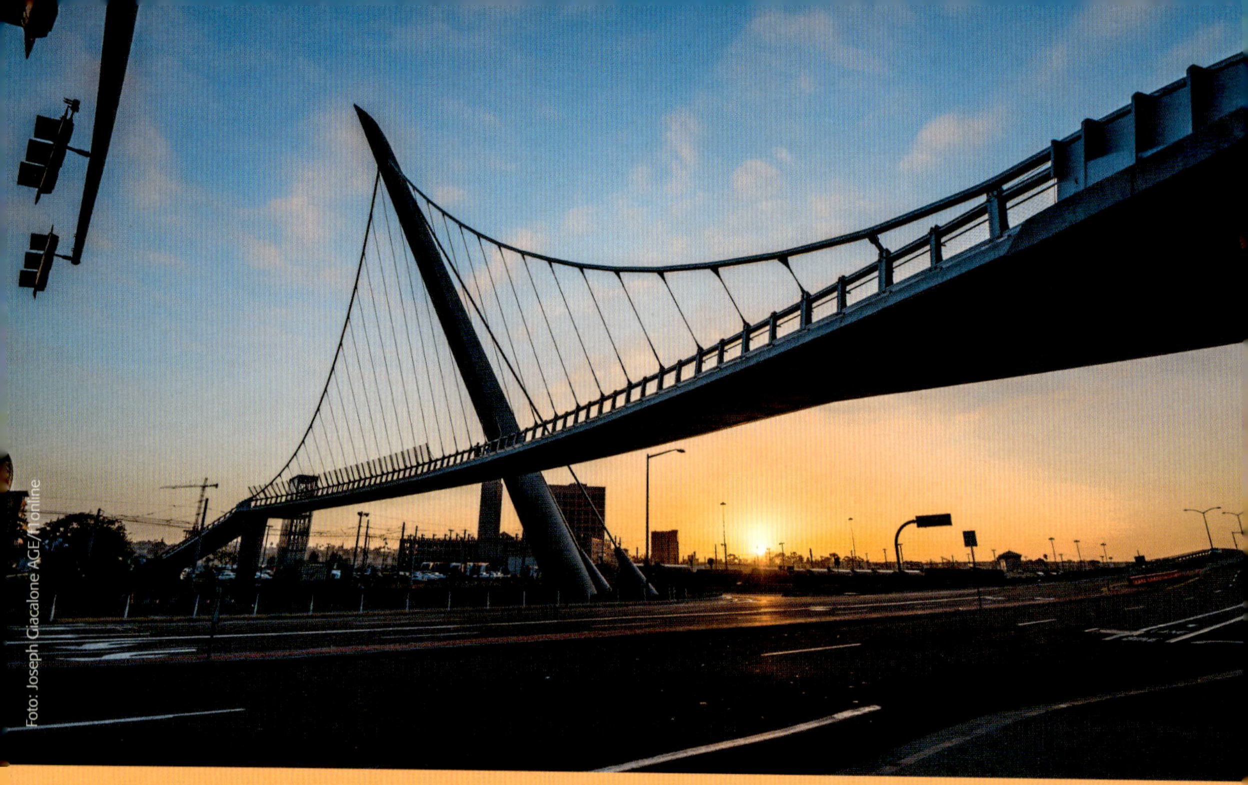
Foto: Joseph Giacalone AGE/F1online

WER WIRKLICH WEIß, WOHIN ER GEHEN WILL,
DEM GIBT DIE WELT AUCH DEN WEG FREI.

CHARLES L. ALLEN

HINDERNISSE SIND

CHANCEN

SICH ZU BEWEISEN,
WAS MAN KANN.

PATRICE JEANCOURT

Foto: Giorgio Fochesato/Getty Images

EIN ZIEL ZU HABEN IST DIE GRÖßTE TRIEBKRAFT IM LEBEN EINES MENSCHEN.

VIKTOR EMIL FRANKL

LEBE IN DER GEGENWART,

UM FÜR DIE ZUKUNFT

BEREIT ZU SEIN.

CHARLES KINGSLEY

IMMER UND ÜBERALL
HABEN WIR EINE CHANCE:
DEN AUGENBLICK
richtig zu leben.

LORE-LILIAN BODEN

Foto: Jana Mänz Westend61/f1online

FÜR DEN WAHREN
LEBENSKÜNSTLER IST DIE
schönste zeit
IMMER DIEJENIGE, DIE ER
gerade
VERBRINGT.

ORSON WELLES

Foto: Louise Morgan/Getty Images

GENIEẞE ALLES DANKBAR, WAS VON AUẞEN KOMMT,
ABER HÄNGE AN NICHTS.

WILHELM VON HUMBOLDT

Es liegt an uns selbst,

UNSER LEBEN NICHT ARM WERDEN ZU LASSEN,
INDEM WIR UNS AN DAS KLEINE HÄNGEN, SONDERN ES

reich zu machen,

INDEM WIR ES ERFÜLLEN MIT DEM GRÖßTEN.

OTTO HEUSCHELE

DAS GLÜCK BESTEHT NICHT DARIN, DASS DU TUN KANNST,
WAS DU WILLST, SONDERN DARIN, DASS DU IMMER
willst, was du tust.

LEO TOLSTOI

Foto: iStock/Thinkstock

DAS GLÜCK LIEGT ZWISCHEN DEN KLEINEN
UND GROẞEN MOMENTEN DES ALLTAGS.

ANGELIKA EMMERT

VERKLEINERE NICHT DEINE SEHNSUCHT,
SONDERN WEITE DEINEN ALLTAG.

INGRID KOLLER

DIE EIGENTLICHE

ENTDECKUNG

BESTEHT NICHT DARIN,
NEULAND ZU FINDEN, SONDERN

MIT NEUEN AUGEN

ZU SEHEN.

MARCEL PROUST

Das Einfachste
IST IMMER DAS SCHWIERIGSTE.
EINFACH SEIN IST HÖCHSTE KUNST.

CARL GUSTAV JUNG

Foto: Benjamin Rondel/First Light/Getty Images

JE LÄNGER MAN LEBT, DESTO DEUTLICHER SIEHT MAN, DASS DIE EINFACHEN DINGE DIE WAHRHAFT GROßEN SIND.

ROMANO GUARDINI

VERGISS NICHT – MAN BENÖTIGT NUR WENIG,
UM EIN GLÜCKLICHES LEBEN ZU FÜHREN.

MARC AUREL

Foto: iStock/Thinkstock

FÜR DIE

wichtigen Dinge

IM LEBEN HAT MAN EIGENTLICH IMMER ZEIT,

MAN MUSS SIE SICH

nur nehmen.

UNBEKANNT

unsere Aufgabe

IST NICHT, ZU ERKENNEN, WAS UNKLAR IN WEITER FERNE LIEGT, SONDERN DAS ZU TUN, WAS

Klar vor uns liegt.

THOMAS CARLYLE

WIR SOLLTEN JEDEN TAG WIE ein neues Leben BEGINNEN.

EDITH STEIN

JEDER MORGEN IST EIN NEUER ANFANG –

JEDEN MORGEN IST DIE WELT WIE NEU!

LUCY MAUD MONTGOMERY

DER MORGEN IST DIE JUGEND DES TAGES.
ALLES IST HEITER, FRISCH UND LEICHT. MAN SOLL IHN ALS

QUINTESSENZ DES LEBENS

BETRACHTEN UND GEWISSERMAẞEN
HEILIG HALTEN.

ARTHUR SCHOPENHAUER

Foto: iStock/Thinkstock

JEDE MINUTE, JEDER MENSCH,
JEDER GEGENSTAND KANN DIR

eine nützliche Lehre

GEBEN, WENN DU SIE NUR ZU ENTWICKELN VERSTEHST.

HEINRICH VON KLEIST

JUNG IST, WER MEHR SEINEN HOFFNUNGEN ALS SEINEN ERFAHRUNGEN VERTRAUT.

THOMAS ROMANUS

Foto: Stockbyte/Thinkstock

WIR SIND DIE SUMME UNSERER ERFAHRUNGEN.

PRENTICE MULFORD

Foto: iStock/Thinkstock

UNSERE GEGENWART UND UNSERE VERGANGENHEIT SIND DIE STEINE, AUS DENEN WIR UNSER LEBEN BAUEN.

HENRY WADSWORTH LONGFELLOW

ES GIBT KEINE
UNNÜTZEN ERFAHRUNGEN,
NUR UNGENUTZTE.

PETER TILLE

COURAGE IST GUT, ABER *Ausdauer* IST BESSER.

THEODOR FONTANE

Das Talent

EINES MENSCHEN ENTWICKELT SICH OFT ERST AM UNGLAUBEN SEINER MITMENSCHEN AN SEINE

Fähigkeiten.

YVONNE HILLER

MAN FINDET SEIN EIGENES LEBEN GLEICH VIEL SCHÖNER, WENN MAN AUFHÖRT, ES MIT DEM LEBEN DER LEUTE

VON NEBENAN

ZU VERGLEICHEN.

SPRICHWORT

Foto: Novarc Images Axel Schmies /f1online

Foto: Thomas Stankiewicz/LOOK-foto

FANG AN! DADURCH ALLEIN KANN
DAS UNMÖGLICHE WERDEN.

THOMAS CARLYLE

DIE GRENZEN DES MÖGLICHEN
LASSEN SICH NUR DADURCH
BESTIMMEN, DASS MAN SICH EIN
WENIG ÜBER SIE HINAUS
INS UNMÖGLICHE WAGT.

ARTHUR C. CLARKE

Foto: Ditto Image Source/F1online

EIN ERFÜLLTES **LEBEN** IST IMMER
EINE SAMMLUNG VON VIELEN **VERSUCHEN**.

YVONNE MÖLLEKEN

WAGE, UND DIE WELT GIBT IMMER NACH;
WENN SIE MANCHMAL TROTZDEM ZURÜCKSCHLÄGT,
wage es aufs neue,
UND DU WIRST SEHEN: SIE ORDNET SICH UNTER.

WILLIAM MAKEPEACE THACKERAY

Foto: iStock/Thinkstock

DIE ENTFERNUNG IST UNWICHTIG.
NUR DER erste schritt IST WICHTIG.

MARQUISE DU DEFFAND

Es ist viel schwerer,

DEN TAG IN WAHRHAFTER AUFMERKSAMKEIT
UND WACHSAMKEIT VON

Anfang bis Ende

ZU VERLEBEN ALS EIN JAHR IN GROßEN
ABSICHTEN UND HOCHFLIEGENDEN PLÄNEN.

CHRISTIAN MORGENSTERN

Die Kunst des Ausruhens
IST EIN TEIL DES ARBEITENS,
UND BEIDES IST DER GRÖẞTE TEIL DER
Kunst des Lebens.

JOHN STEINBECK

Foto: Walter Zerla/Image Source/Getty Images

NICHTS BRINGT UNS AUF UNSEREM WEG
BESSER VORAN ALS EINE PAUSE.

ELISABETH BARRETT-BROWNING

NICHT SELTEN IST
ES EIN UNBEDEUTEND
ANMUTENDER SCHRITT,
DER UNS ENTSCHEIDEND
VORANKOMMEN LÄSST.

YVONNE MÖLLEKEN

Foto: plainpicture/Bill Davies

DER BLICK IN DIE WEITE HILFT ZUWEILEN,
DASS MAN SICH AUF DAS Nächste besinnt.

EMIL BACHNONGA

ES MUSS

eine stunde

AM TAG GEBEN, WO DER PLANENDE MENSCH
ALL SEINE PLÄNE VERGISST UND

handelt,

ALS HÄTTE ER ÜBERHAUPT KEINE.

THOMAS MERTON

Foto: loveguli/Getty Images

UM KRAFT FÜR DEN TAG ZU SCHÖPFEN, SOLLTE MAN DAS HAUS VERLASSEN UND DEM SONNENAUFGANG ZUSEHEN.

UNBEKANNT

ACHTE AUF DEINE GEDANKEN!
SIE SIND DER ANFANG
DEINER TATEN.

AUS CHINA

Foto: Alan Copson/Getty Images

SEI VERGNÜGT

BIS ZEHN UHR MORGENS,
DER REST DES TAGES
WIRD DANN WIE
VON SELBER LAUFEN.

ELBERT G. HUBBARD

GEBURTSTAGSKALENDER

7

1
2
3
4
5
6
7
8
9
10
11
12
13
14
15
16
17
18
19
20
21
22
23
24
25
26
27
28
29
30
31

8

1
2
3
4
5
6
7
8
9
10
11
12
13
14
15
16
17
18
19
20
21
22
23
24
25
26
27
28
29
30
31

9

1
2
3
4
5
6
7
8
9
10
11
12
13
14
15
16
17
18
19
20
21
22
23
24
25
26
27
28
29
30

10

1
2
3
4
5
6
7
8
9
10
11
12
13
14
15
16
17
18
19
20
21
22
23
24
25
26
27
28
29
30
31

11

1
2
3
4
5
6
7
8
9
10
11
12
13
14
15
16
17
18
19
20
21
22
23
24
25
26
27
28
29
30

12

1
2
3
4
5
6
7
8
9
10
11
12
13
14
15
16
17
18
19
20
21
22
23
24
25
26
27
28
29
30
31

GEBURTSTAGSKALENDER

1	2	3	4	5	6
1	1	1	1	1	1
2	2	2	2	2	2
3	3	3	3	3	3
4	4	4	4	4	4
5	5	5	5	5	5
6	6	6	6	6	6
7	7	7	7	7	7
8	8	8	8	8	8
9	9	9	9	9	9
10	10	10	10	10	10
11	11	11	11	11	11
12	12	12	12	12	12
13	13	13	13	13	13
14	14	14	14	14	14
15	15	15	15	15	15
16	16	16	16	16	16
17	17	17	17	17	17
18	18	18	18	18	18
19	19	19	19	19	19
20	20	20	20	20	20
21	21	21	21	21	21
22	22	22	22	22	22
23	23	23	23	23	23
24	24	24	24	24	24
25	25	25	25	25	25
26	26	26	26	26	26
27	27	27	27	27	27
28	28	28	28	28	28
29	29	29	29	29	29
30		30	30	30	30
31		31		31	

UNSER LEBEN IST DAS PRODUKT
UNSERER GEDANKEN.

MARC AUREL

FREUNDSCHAFT 1000 DANK

KRAFT MOTIVATION

KLEINE WUNDER

MUT

Einen guten Tag SCHENKEN

Manchmal sagen 1.000 Worte nicht das, was wir gerade sagen wollen, weil es einfach nicht die richtigen sind. Manchmal sagt ein Bild mehr als 1.000 Worte. Wir bei GROH sehen es als unsere Aufgabe, zu diesem Bild die richtigen Worte zu finden – und das seit 1928. Mal sind diese kurz und knapp, mal ausführlicher, aber auf den Punkt. Denn auch kleine Geschenke können Großes bewirken. Viel Mut, Kraft und Motivation wünscht

Ihr Joachim Groh

Es gibt viel zu tun – packen wir's an!

Jede Menge Mut, Kraft und Motivation finden Sie auf:

www.groh.de

facebook.com/grohverlag

Textnachweis: Wir danken allen Autoren bzw. deren Erben, die uns freundlicherweise die Erlaubnis zum Abdruck von Texten erteilt haben, sowie dem S. Fischer Verlag für das Zitat von Carl Zuckmayer auf S. 51 aus: Carl Zuckmayer, Als wär's ein Stück von mir © Carl Zuckmayer 1966. Alle Rechte vorbehalten. S. Fischer Verlag GmbH, Frankfurt am Main; dem Diogenes Verlag für das Zitat von Friedrich Dürrenmatt aus S.71 aus: Friedrich Dürrenmatt: 21 Punkte zu den „Physikern" © 1986 Diogenes Verlag AG Zürich; dem C.H. Beck Verlag für das Zitat von Albert Schweitzer auf S. 75: © C.H. Beck Verlag, München; dem Patmos Verlag für das Zitat von C. G. Jung auf S. 154 aus: C. G. Jung, Gesammelte Werke 1-20. Band 11: Zur Psychologie westlicher und östlicher Religion © Patmos Verlag der Schwabenverlag AG, Ostfildern, 5. vollständig überarbeitete Auflage 1998 www.verlagsgruppe-patmos.de; und dem Matthias-Grünewald-Verlag für das Zitat von Romano Guardini auf S. 155: Alle Autorenrechte liegen bei der Katholischen Akademie in Bayern; Romano Guardini, Der Rosenkranz unserer lieben Frau 7. Taschenbuchauflage 2009, S. 9; Matthias-Grünewald-Verlag, Ostfildern.

Bildnachweis: Titelbild: fotog/Getty Images.

Layout: ki36 Editorial Design, Bettina Stickel

Satz: Konstantin Wohofsky

ISBN 978-3-8485-1235-5

Die nachhaltige Waldbewirtschaftung und die verantwortungsvolle Gewinnung des Rohstoffs Papier ist uns ein Anliegen. Daher werden alle Buch- und Kalender-Neuheiten auf FSC®-zertifiziertem Papier gedruckt.

157002-5052-02